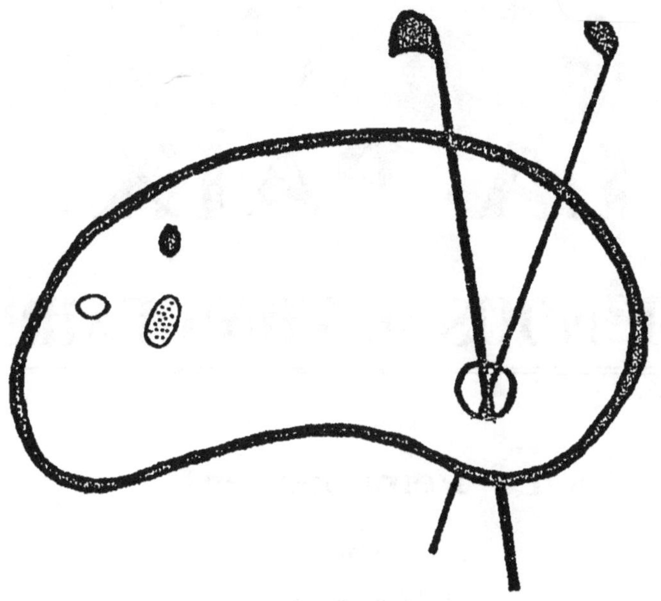

DEBUT D'UNE SERIE DE DOCUMENTS
EN COULEUR

***

LA PAIX
QUE NOUS DEVONS FAIRE

Le Remaniement de L'Europe

ACCOMPAGNÉ DE DEUX CARTES

PARIS
ANCIENNE LIBRAIRIE FURNE
BOIVIN & Cie, ÉDITEURS
3 ET 5, RUE PALATINE (VIe)
1915

Prix : 1 fr.

TYPOGRAPHIE FIRMIN-DIDOT ET Cie. — MESNIL (EURE).

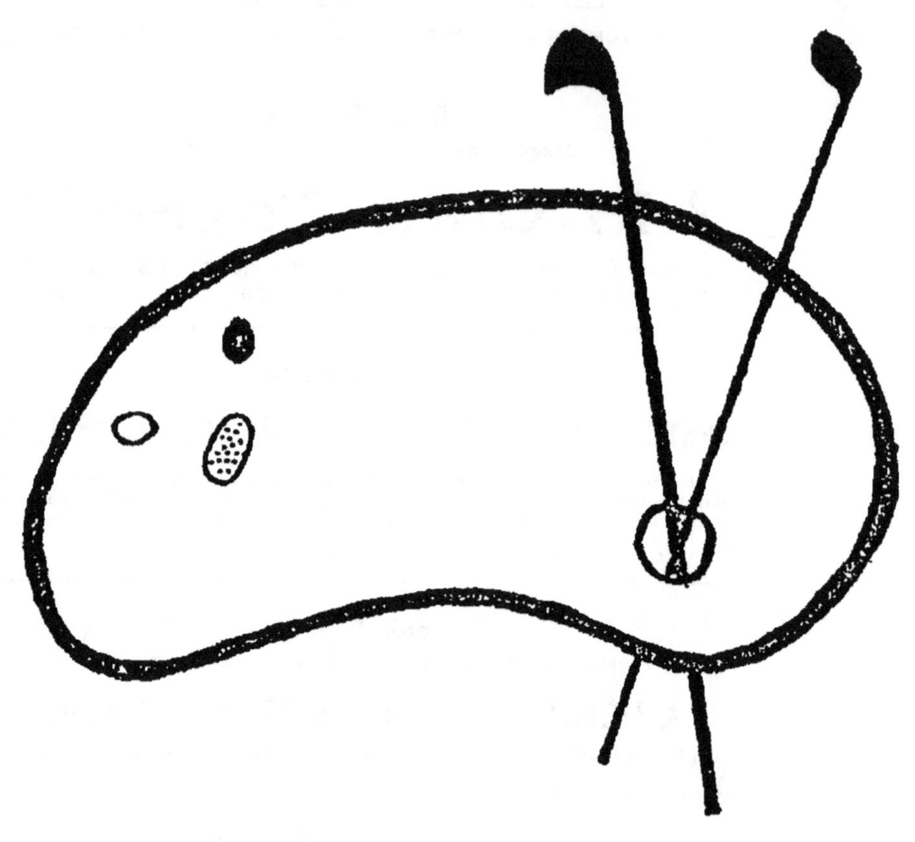

FIN D'UNE SÉRIE DE DOCUMENTS
EN COULEUR

LA PAIX

QUE NOUS DEVONS FAIRE

***

LA PAIX QUE NOUS DEVONS FAIRE

Le Remaniement de L'Europe

ACCOMPAGNÉ DE DEUX CARTES

PARIS
ANCIENNE LIBRAIRIE FURNE
BOIVIN & Cie, ÉDITEURS
3 ET 5, RUE PALATINE (VIe)
1915

TABLE DES MATIÈRES

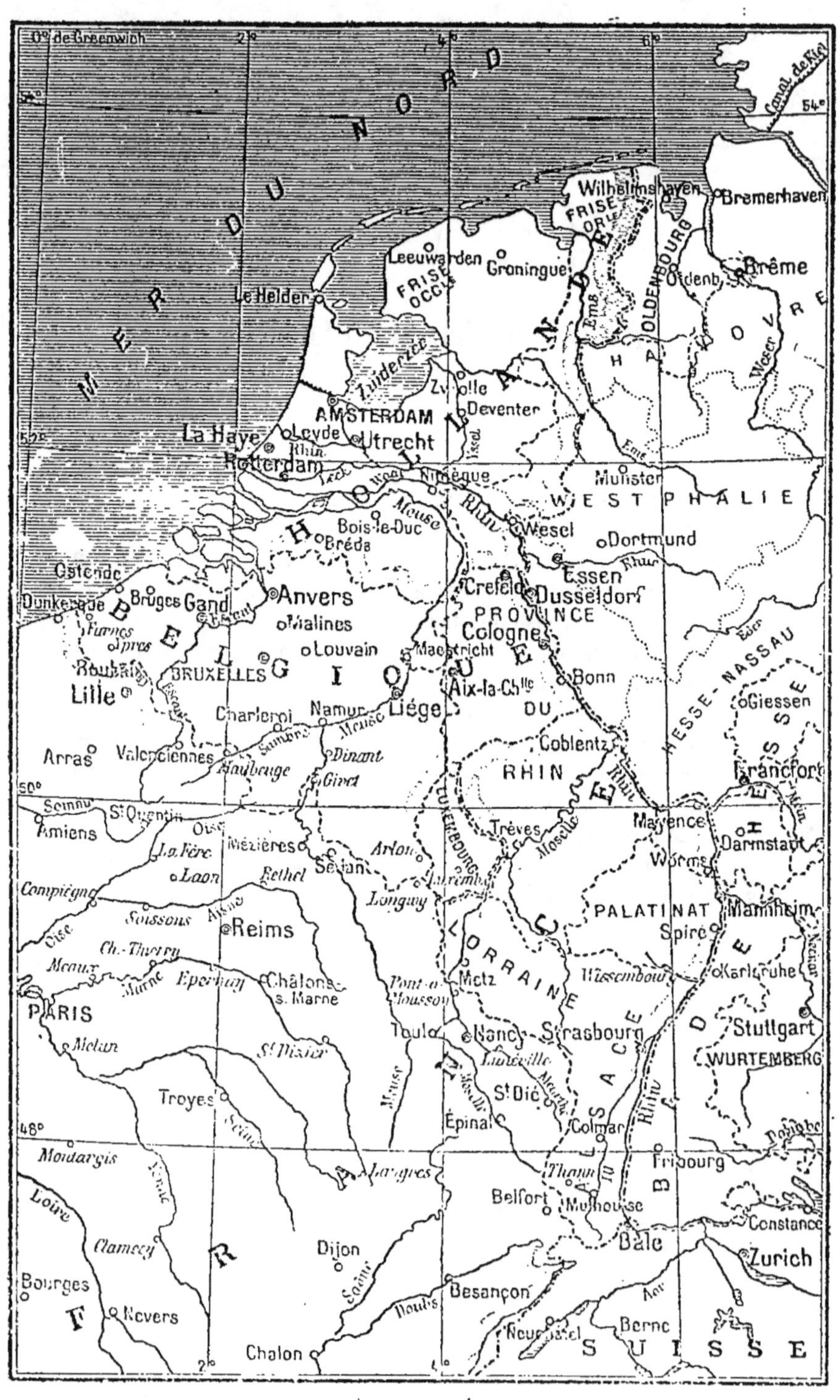

CARTE DES FRONTIÈRES DE L'UNION GALLO-BELGE.

Paris, 8 mars 1915.

L'auteur de la brochure que nous publions ici ne pouvant se faire connaître pour des motifs graves dont nous avons pu apprécier la haute convenance, c'est aux Éditeurs qu'il appartient de la présenter au lecteur.

Il y aurait peut-être, de prime abord, quelque présomption à notre firme d'assumer cette charge. Qu'il nous soit cependant permis de dire ici que nous nous sommes toujours efforcés de ne publier que des livres de valeur et que nous sommes certains de n'avoir pas à regretter celui-ci.

*Homme d'âge et partant d'expérience, ayant visité la plupart des pays dont il est question, écrivain connu et patriote éclairé, ayant de nombreuses attaches dans le monde de la politique et de la diplomatie, *** parle en homme averti et consciencieux de choses qu'il connaît; — un coup d'œil jeté sur les pages qui suivent suffira pour le montrer.*

Contrairement à certains polémistes ayant

déjà abordé le même sujet, son travail n'a pas l'allure d'un pamphlet. C'est l'œuvre d'un historien et son Remaniement de l'Europe *n'est pas le rêve irréalisable d'un chauvin exalté, mais l'aboutissement précis des données ethniques, géographiques et politiques du problème.*

En publiant cette brochure, notre désir est d'appeler l'attention sur l'importance vitale de la Paix que nous devons faire, *de fournir à l'opinion des documents précis et d'amener dans l'esprit du lecteur la conviction qu'il faut tirer parti de la victoire sans exagération, mais aussi sans faiblesse et sans faux humanitarisme.*

C'est dans cet espoir que l'auteur et les éditeurs de cet opuscule apportent aujourd'hui leur modeste contribution de non-combattants à la reconstruction d'une nouvelle Europe pacifique, basée sur la justice et sur le droit.

B. et Cie.

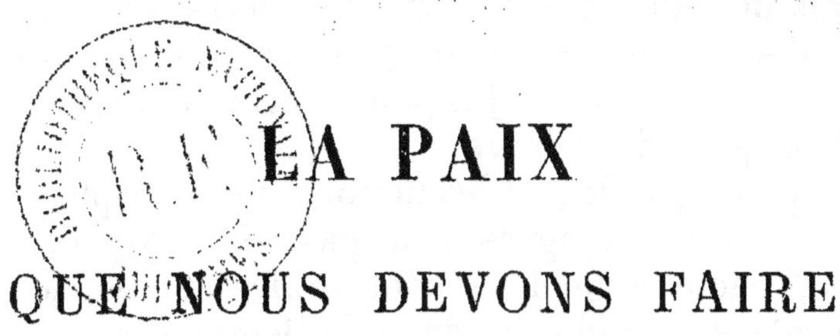

LA PAIX

QUE NOUS DEVONS FAIRE

LE REMANIEMENT DE L'EUROPE

Aux yeux de beaucoup de gens, une étude des conditions territoriales de la paix que la Triple-Entente et ses Alliés imposeront à l'Allemagne, à l'Austro-Hongrie et à la Turquie peut paraître encore prématurée. Et pourtant, on ne trouverait probablement pas en Europe, un homme quelque peu intelligent et renseigné, qui, envisageant froidement et sans parti pris la situation militaire et diplomatique, pût douter de la victoire finale du bloc antigermanique. Les conditions politiques et économiques de la lutte en rendent le résultat absolument certain. Les succès éphémères et tout à fait partiels que remportent çà et là les Austro-Germains peuvent retarder leur défaite; leurs violations réitérées du Droit des Gens peuvent augmenter encore les ruines qu'ils ont accumulées partout, ainsi que le montant des réparations qu'ils auront à solder; mais tout cela n'empêchera pas les Sept États qui luttent déjà depuis plus de six mois pour la liberté du monde, — et dont le nombre s'augmentera sans doute avant peu, — de poursuivre jusqu'au bout le but qu'ils se sont proposé d'atteindre.

Le pacte par lequel les nations de la Triple-Entente se sont engagées à ne pas faire de paix séparée, pacte auquel se sont ralliés depuis, leurs admirables seconds : le Japon, la Belgique et la Serbie, — et qui restera le mot d'ordre de tous les peuples qui successivement pourront se ranger à nos côtés, — ce pacte a fermé toute espérance à l'Allemagne et à l'Austro-Hongrie.

Il y a quelques jours à peine, un Ministre anglais responsable, M. Winston Churchill, répondant à un journaliste français, lui faisait cette déclaration, en parlant du bâillon que la maîtrise de la mer a permis aux alliés de mettre sur la bouche de l'Allemagne : « Vous savez quel effet produit un bâillon, lorsqu'à « la même minute il faut agir : un tel effort use le « cœur. Du reste, l'Allemagne ne l'ignore pas. Cette « contrainte ne se desserrera pas avant qu'elle se « soit rendue à merci, car, même si vous, la France, « et si notre alliée la Russie, vous vous décidiez à « arrêter la lutte, — ce qui est inconcevable, — « nous, Anglais, nous continuerions seuls jusqu'au « bout. »

Et, hier encore, le 18 février, le Président du Conseil français, M. Viviani, s'écriait à la Tribune du Palais-Bourbon, aux applaudissements unanimes de la Chambre Française :

« Le Gouvernement a dit et il le répète, qu'il « continuera sans défaillance et sans lassitude, « d'accord avec ses alliés, la guerre jusqu'au bout...

« Attaché au traité du 4 septembre 1914, le Gou-
« vernement de la République ne pourra envisager
« l'éventualité d'une solution pacifique, que d'ac-
« cord avec ses nobles alliés, l'Angleterre et la
« Russie, dont la fidélité dans les épreuves, l'indomp-
« table énergie, le courage partout déployé sur les
« champs de bataille, resserreraient, s'il était pos-
« sible, les liens d'une alliance sacrée... C'est cette
« alliance, jointe à l'entente qui nous lie à l'intré-
« pide Serbie, qui sauvera la cause de la civilisa-
« tion et du Droit : C'est elle qui sauvera l'Europe,
« et peut-être le Monde, de la tyrannie que le
« triomphe du militarisme prussien voudrait leur
« imposer. »

Cette admirable résolution des Gouvernements est partagée par tous les peuples. Aussi, bien que les Austro-Germains occupent encore en partie la Belgique, la France du Nord-Est et la Pologne russe, — où leurs atrocités sans nom les ont mis au ban de l'humanité, — le résultat final de ce cataclysme mondial ne peut être douteux pour aucune personne de bon sens. La victoire couronnera les efforts prolongés des alliés, et cette Allemagne qui se croit supérieure à tout — « Deutschland über alles » — subira la loi du vainqueur.

Déjà le découragement gagne ses peuples et ses armées, déjà ses chefs ne se font plus d'illusion sur la possibilité d'imposer leurs lois à l'Europe. La démence furieuse avec laquelle ils se heurtent aux fronts inexpugnables que leur opposent les alliés, leurs bravades insolentes qui rapprochent chaque jour le moment où certains neutres se changeront pour eux en ennemis, les conditions économiques qui s'aggravent sans cesse, tant pour l'alimentation de leurs peuples bloqués, que pour leur ravitaillement en armes et en munitions, tout cela présage leur prochaine défaite. Faire vite était pour l'Allemagne — suivant l'expression de son ministre M. von Jagov — une question de vie ou de mort. Il en était de même pour l'Austro-Hongrie. Or, arrêtés et repoussés par nos héroïques amis les Belges et les Serbes, puis, battus dès les premières semaines de la guerre sur la Marne et sur la Vistule, les Austro-Germains ont vu leurs plans d'attaque longuement mûris et préparés, échouer partout. Bientôt nous foulerons à notre tour le sol de cette Allemagne prétendue invincible, marchant vers Carlsrue, Stuttgart, Munich, Dresde, Berlin et Vienne où nous auront précédés nos alliés Russes et Serbes, lesquels ont moins de chemin à faire pour arriver aux deux principaux réduits du caporalisme prussien et de l'absolutisme autrichien. Il n'est donc pas prématuré — quoi qu'en puissent dire certains esprits timorés — de commencer à parler des conditions que la Triple Entente victorieuse, étroitement unie à ses braves alliés, — aussi bien à ceux de la première qu'à ceux de la onzième heure, — devra imposer au Germanisme vaincu, pour assurer à l'Europe civilisée une paix définitive, et la mettre pour longtemps, sinon pour toujours, à l'abri de la barbarie teutonique.

Les Gouvernements responsables peuvent se refuser à faire, dès aujourd'hui, connaître leurs vues sur les modifications à apporter à la carte de l'Europe, et les journaux et autres périodiques, muselés par une censure impitoyable, — et dont les ciseaux manquent bien souvent de mesure et de clairvoyance, — peuvent être gênés pour aborder ce sujet. Mais cela ne peut empêcher les publicistes indépendants de saisir l'opinion, suivant les moyens qu'ils ont à leur disposition, de ces graves questions. Il faut, en effet, qu'elles soient indiquées à l'avance, que chacun puisse contrôler les idées émises, et se faire une opinion, de manière à ne pas être surpris par les événements et exposé — faute de documentation ou de réflexion — à accepter une paix boiteuse et mal assise.

C'est dans cette pensée que l'auteur anonyme des pages qui suivent, et ses éditeurs 'ont voulu dès maintenant appeler l'attention sur les questions territoriales qui se poseront brusquement devant nos négociateurs, dès le jour — plus prochain peut-être que beaucoup ne sont disposés à le croire — de la cessation des hostilités.

Il est absolument superflu d'ajouter qu'on n'a pas voulu faire ici de la littérature. On a aussi évité, autant que possible, des digressions historiques n'ayant aucune utilité directe pour le sujet et qui auraient démesurément allongé cette brochure. L'auteur s'est borné aux considérations de ce genre tout à fait indispensables pour appuyer et justifier les modifications de frontière et les attributions de territoires qu'il propose.

Le but de cette étude est seulement de réunir quelques données sur les conditions possibles de la paix à dicter à l'ennemi — au point de vue territorial — lorsque, le moment venu, il sera absolument et définitivement vaincu. Ces données résultent de l'expérience et de l'étude consciencieuse des questions que soulève l'abominable conflit que nous ont imposé les Austro-Allemands.

La « Guerre des Nationalités », comme on l'a appelée, doit se terminer par un remaniement complet de la carte de l'Europe. C'est ce remaniement dont nous étudierons les conditions possibles dans les pages qui vont suivre.

I

LES PRÉTENTIONS DE L'ALLEMAGNE

Nous sommes, nous autres Français en particulier, d'autant plus à notre aise pour montrer nos exigences, que les Allemands, avec leur arrogance habituelle, n'ont pas manqué de nous faire savoir depuis longtemps déjà, ce qu'ils nous demanderaient s'ils parvenaient à nous battre, ce dont ils ne doutaient pas un instant.

Dès le 14 octobre dernier, un étranger publiait dans l'*Écho de Paris,* sous le titre : « Ce que l'on dit dans le clan austro-allemand », le résumé des exigences teutonnes :

La Belgique et la Hollande garderaient leur autonomie, mais entreraient de gré ou de force dans la Confédération germanique, au même titre que le Grand-Duché de Bade, le Wurtemberg ou la Bavière.

La reine de Hollande, si elle se montrait bien sage et si elle se soumettait sans résistance, conserverait sa couronne, et sa dynastie deviendrait d'autant plus facilement allemande, que son époux, le prince Henri de Mecklembourg-Schwerin, est un ancien officier prussien.

La dynastie de Belgique — bien qu'appartenant elle-même à la maison de Saxe-Cobourg-Gotha, et par conséquent de race germanique — serait punie de sa résistance héroïque à la violation de sa neutralité, et le roi Albert serait remplacé par un des fils puînés du Kaiser Teuton, qui s'arrangerait de manière à faire oublier à ses nouveaux sujets le sang welche qui coule en grande partie dans leurs veines. La noble et douce « kultur » allemande s'en chargerait.

Quant à la France, elle pourrait conserver le gouvernement de son choix; peu importe ce que font chez elles ces nations inférieures! On lui demanderait seulement :

1° Cent milliards de contribution de guerre;

2° La cession du Maroc et de l'Algérie sans parler de quelques colonies de moindre importance;

3° La suppression de ses budgets de la Guerre et de la Marine pour un temps indéterminé.

Comme l'indemnité de guerre fixée serait peut-être un peu lourde à payer, même pour le bas de laine du Français, on lui permettrait d'en compenser une partie par l'abandon ou la vente de l'Indo-Chine et du reste de ses colonies.

*
* *

On peut nous objecter, sans doute, que cette prétention outrecuidante était émise par des gens sans mandat, que ce sont de vaines rodomontades sans aucune origine sérieuse.

C'est possible.

Mais le même jour, 14 octobre, d'autres journaux reproduisaient les conditions indiquées par un Allemand, revêtu, celui-là, d'un caractère officiel, le comte Bernstorff, ambassadeur d'Allemagne aux États-Unis d'Amérique. Ce n'est pas, évidemment, comme ambassadeur, que ce personnage avait fourni ces indications à des journalistes venus l'interviewer, mais son caractère officiel devait certainement donner un certain poids et une certaine dose de vraisemblance aux conditions qu'il posait.

Or, voici quelles étaient ces conditions :

1° Cession de toutes les Colonies ou Protectorats français sans exception ;

2° Annexion de tout le territoire français — on ne dit pas si Paris y est compris — au nord d'une ligne droite tirée de Saint-Valéry (sur-Somme ?) à Lyon ;

3° Paiement d'une indemnité de guerre de dix milliards ;

4° Signature d'un traité de commerce permettant aux marchandises allemandes d'entrer en franchise dans ce qui resterait de la France, pendant vingt-cinq ans, et cela sans réciprocité ;

5° Suppression du recrutement pendant vingt-cinq ans, par conséquent impossibilité d'avoir autre chose qu'une troupe de police ;

6° Démolition de toutes les forteresses actuelles et interdiction d'en construire d'autres ;

7° Remise à l'Allemagne de trois millions de fusils, trois mille canons et quarante mille chevaux ;

8° Rétablissement des droits de patente et de brevets au profit des Allemands, sans réciprocité pour la France, pendant vingt-cinq ans ;

9° Abandon perpétuel de l'alliance avec la Russie et de l'entente avec l'Angleterre ;

10° Traité d'alliance offensive et défensive avec l'Allemagne pour une durée de vingt-cinq ans.

*
* *

Un peu plus tard, c'est-à-dire au mois de décembre dernier, un autre personnage allemand, aussi officiel que le précédent, — puisqu'il fut ministre des Colonies et qu'il est maintenant avoué comme agent personnel financier du Kaiser et chef de l' « Office de la mission spéciale impériale d'Allemagne » en Amérique, — le docteur Dernburg, formulait des conditions de paix qui, sous une apparence plus modeste, pouvaient paraître encore plus ridicules, étant donnée la date à laquelle il les émettait, après l'échec complet du plan allemand, les nombreuses reculades de leurs armées et les victoires remportées sur eux tant par la France que par la Russie.

L'Allemagne, disait M. Dernburg, daignerait ne pas annexer de territoires européens, sauf de légères rectifications de frontières jugées nécessaires à la « cuirasse allemande ». La voracité teutonne nous est un garant de ce qu'auraient pu être ces « légères » rectifications de frontières !

La Belgique et la Hollande resteraient autonomes — on néglige de nous dire avec quelles restrictions et sous quel régime — mais elles seraient incorporées dans l'union douanière allemande, à l'instar du Luxembourg, et leurs ports seraient soumis au contrôle allemand, c'est-à-dire qu'ils subiraient la main-mise germanique; il en serait particulièrement ainsi d'Anvers, « qui est aussi nécessairement un port allemand que New-York ou la Nouvelle-Orléans sont des ports américains ».

La défaite des puissances de la Triple Entente étant naturellement la condition préalable de la paix imposée par l'Allemagne, M. Dernburg suppose l'Angleterre, la France et la Russie réduites à merci. Comme il est assez intelligent et assez pratique pour ne pas vouloir imposer à son pays — au moins momentanément — la conquête et l'absorption des trois empires anglais, français et russe, il les laisse vivre, mais en leur dictant les conditions suivantes :

Toutes les côtes de l'Angleterre et de la France, comme celles de la Hollande et de la Belgique, seront neutralisées, ainsi que tous les câbles maritimes.

L'Allemagne arrondira ses colonies des colonies françaises à sa convenance; elle prendra notamment le Maroc, et on lui reconnaîtra une zone d'influence sur toute l'Asie-Mineure, du Golfe Persique aux Dardanelles. L'Afrique du Sud sera indépendante, sous le protectorat de l'Allemagne; l'Égypte reviendra à la Turquie, c'est-à-dire à l'Allemagne.

Quant à la Russie, elle abandonnera la partie de la Pologne qu'elle détient, ainsi que la Finlande, prise dans sa plus grande extension ethnique, c'est-à-dire à peu près toute la partie de l'Empire Russe allant du golfe de Finlande à la mer Blanche et à l'Océan Glacial. Ces deux pays, Pologne et Finlande, deviendront des royaumes indépendants, ce qui veut dire vassaux de l'Allemagne, d'autant plus qu'il est probable qu'ils serviraient d'apanage à deux des cinq fils pour lesquels le Kaiser cherche des trônes.

M. Dernburg ne donne aucun détail sur les indemnités de guerre, suppression d'armée et de marine, traités commerciaux ruineux, etc., qui seraient imposés à ce qui resterait de l'Angleterre, de la France et de la Russie. Mais il va de soi que cette question ne serait pas oubliée dans le traité de paix, et la modération bien connue de l'Allemagne nous permet de prévoir quelles seraient ces conditions!

Quant à la Serbie et autres petits royaumes balkaniques, on les annexerait peut-être, dit M. Dernburg — « s'il n'y a pas à craindre qu'ils ne soient trop difficiles à défendre ». Dans tous les cas, si quelques-uns survivaient par le bon plaisir de l' « Empereur du Monde », ils devraient se montrer tout à fait raisonnables et se conformer sur tous les points aux nécessités de la « paix germanique ».

*
* *

De telles fantaisies émanant de personnages officiels, lesquels reproduisent certainement la pensée de derrière la tête de leurs compatriotes et les visées des cercles dirigeants de leur pays, doivent nous mettre très à l'aise pour indiquer les conditions auxquelles nous consentirons, la guerre terminée et les Germains complètement vaincus, à traiter avec le groupe austro-allemand.

Dans l'élaboration de ces conditions, vis-à-vis

d'ennemis comme ceux-là, — qui avaient juré notre ruine complète et qui ont violé contre nous toutes les lois de l'humanité et toutes les règles du droit des gens, — nous n'avons à tenir compte d'aucun sentiment de pitié ou de faiblesse. Nous n'avons à considérer que le point de vue purement utilitaire. Il nous faut, comme le déclarait M. le Président de la République le 7 décembre dernier, une paix « garantie par la réparation intégrale des droits violés et prémunie contre des attentats futurs ».

Nous devons faire en sorte que la Prusse soit réduite à n'être plus qu'une puissance de second ordre, que les royaumes allemands soient libérés de son joug et devenus eux-mêmes inoffensifs, en un mot que l'Allemagne actuelle soit supprimée et que l'Autriche des Habsbourg, — amputée de toutes les populations allogènes qu'elle a conquises et qu'elle maintient sous son joug par la terreur, ou en les opposant les unes aux autres par sa politique cauteleuse, — soit rendue impuissante à troubler par ses intrigues la tranquillité européenne.

Pour arriver à ce but, le principal objectif à atteindre est la diminution du nombre de sujets soumis à ces deux empires.

La loi du nombre est, en effet, posée effrontément par les Allemands comme la base du droit et le principe même de la justice. Le général de Bernhardi, l'auteur de *l'Allemagne et la prochaine guerre*, écrit dans un ouvrage tout récent[1] les lignes suivantes :

« On ne peut pas raisonnablement s'attendre à

1. *Notre avenir. — Un mot d'avis à la nation allemande*, publié en 1913 et traduit en anglais en 1914, par M. J. Ellis Barker.

ce que l'Allemagne avec ses 65 millions d'habitants et son commerce mondial, permette qu'on la traite sur le même pied d'égalité que la France, qui n'a que 40 millions d'habitants. On ne peut pas raisonnablement s'attendre à ce que l'Allemagne permette que 45 millions d'Anglais agissent comme les arbitres des États du Vieux-Monde et qu'ils possèdent la suprématie absolue de la mer. »

A ces maximes audacieuses, paraphrase de l'axiome : « La Force prime le Droit », nous devons répondre en cherchant par tous les moyens possibles, à affaiblir l'Allemagne. Puisque le nombre — engendreur de la force — est tout, que les traités sur lesquels repose l'équilibre des nations grandes ou petites n'existe plus, il faut réduire la Prusse à une population moindre que les autres grandes puissances actuelles et en particulier que la France et que l'Angleterre. Pour cela, il faut lui prendre tous les territoires étrangers qu'elle s'est annexés au cours de trois siècles d'une existence de rapines et la réduire à un état tel que l'Europe puisse enfin respirer, définitivement débarrassée du croquemitaine de Berlin, de ses mystiques coups de tête et de ses manifestations impulsives.

II

AVEC QUI DEVRONS-NOUS TRAITER?

Une première question se pose en ce qui concerne l'Allemagne : Avec qui signera-t-on la paix?

Si l'on veut détruire la Germanie caporalisée par la Prusse, il faut refuser de traiter avec l'empereur allemand, incarnation de ce caporalisme. On répond à cela que nous ne pouvons nous ingérer dans l'organisation intérieure du pays, que nous n'empêcherons pas les Allemands, à moins de leur faire la guerre « à jet continu », de reconnaître parmi leurs princes un empereur, etc.

Tout cela est parfaitement exact. Mais l'Allemagne non plus, vaincue comme elle va l'être, ne peut avoir la prétention de nous imposer — au regard de nos relations avec elle — la reconnaissance de sa constitution intérieure et l'intervention de son empereur, si nous sommes décidés à l'ignorer diplomatiquement.

On doit traiter avec chacun des vingt-cinq États souverains et autonomes que l'Allemagne possède encore aujourd'hui. Nous pouvons parfaitement admettre au Congrès des groupements pour quelques-uns de ces petits États, groupements résultant de leurs affinités, de leur voisinage, de la parenté de leurs souverains, etc... Nous pouvons même permettre à certains grands États allemands de traiter au nom de petites souverainetés leur tenant de près, telles par exemple : le royaume de Saxe pour les Duchés saxons, le roi de Prusse pour les princes de Hohenzollern, etc.; mais nous devons absolument maintenir le principe que diplomatiquement nous ne reconnaissons plus d'Allemagne et que, sous les réserves indiquées plus haut, nous n'admettrons autour du tapis vert où doit se refaire la carte de l'Europe en 1915 — ou plus tard — que les rois de Prusse, de Saxe, de Bavière, de Wurtemberg, etc., les grands-ducs de Bade, de Mecklembourg, etc., en un mot, les princes souverains et les Villes libres tels qu'ils existaient avant 1870, ou qu'ils résulteront du remaniement qui va avoir lieu. Il va sans dire que la paix faite, la représentation diplomatique des Puissances alliées en Allemagne et celles de l'Allemagne chez les Puissances alliées seraient mises en rapport avec le nouvel état de choses et que chacune des unités germaniques aurait sa représentation diplomatique particulière et indépendante.

Qu'il plaise, après cela, aux Allemands de donner le titre d'empereur à un de leurs princes, ce serait une conception purement intérieure du corps germanique, dans laquelle nous n'aurions nullement à intervenir. Mais je suppose qu'après la leçon de cette effroyable guerre où ils ont été indignement trompés par leur Kaiser dément, et après qu'ils auront été obligés de subir durement la loi du vainqueur, les Allemands du Sud, pour ne parler que de ceux-là, seront trop heureux de secouer le joug, de recouvrer leur indépendance et de reprendre la liberté de leur vie nationale en dehors du vasselage du barbare prussien. Dans tous les cas, si les Etats particuliers de l'Allemagne tenaient à avoir un de leurs princes revêtu du manteau impérial et si, par une déplorable concession qui serait une inconcevable faiblesse, nous consentions, à titre transactionnel, à leur en passer la fantaisie, il faudrait tout au moins exiger que la Constitution impériale de 1872 fût modifiée sur le point suivant :

La couronne impériale ne serait plus héréditaire dans la maison des Hohenzollern — dont les princes actuels, c'est-à-dire Guillaume II et ses fils, seraient d'ailleurs exclus de toute candidature ; — mais cette couronne redeviendrait élective, comme elle l'a toujours été, théoriquement et légalement tout au moins, au temps du Saint-Empire Romain. Tous les princes souverains allemands devraient être éligibles à cette couronne par un collège électoral composé des vingt-cinq États souverains actuels, — plus la voix du Hanovre reconstitué, comme nous le verrons tout à l'heure, — soit vingt-six électeurs disposant chacun d'une voix sans tenir compte de leur population, avec cette restriction que la couronne ne pourrait jamais appartenir deux fois de suite à la même maison souveraine.

Cette combinaison serait certainement de nature à satisfaire les familles princières allemandes, jalouses de l'hégémonie des Hohenzollern, et le levain de discorde ainsi introduit dans la constitution de l'Allemagne impériale neutraliserait peut-être ses idées mégalomanes et par conséquent la rendrait

2

moins dangereuse pour la paix. Mais, je le répète, la meilleure solution à obtenir est la suppression totale de l'entité impériale germanique et la reconnaissance de la pleine souveraineté politique et diplomatique de tous les États particuliers de l'Allemagne.

III

MODIFICATIONS DE TERRITOIRES DANS L'EUROPE OCCIDENTALE

Il va sans dire que les premières réparations à exiger dans le traité de paix ont pour objet les pays conquis dans le dernier demi-siècle par la rapacité teutonique.

L'Alsace - Lorraine, tout d'abord (avec ses 1.800.000 habitants, dont 300.000 immigrés), doit faire purement et simplement, sans aucune restriction ni réserve, retour à la France. Nous n'avons ici aucune raison à donner, aucune explication à fournir, ni à nos ennemis, ni encore moins à nos amis. Nous reprenons le bien qu'on nous a volé en 1871 et nous n'avons, pour le faire, aucune permission à demander à personne.

Ceci dit pour répondre à je ne sais quelle campagne de presse, dénoncée il y a quelque temps et payée par l'Allemagne, campagne qui a commencé dans les journaux américains et que l'on a essayé de faire réussir par l'intermédiaire de certains pacifistes, agents conscients ou inconscients de l'ennemi. Cette campagne, on ne l'ignore pas, a pour but de faire de l'Alsace, une province libre et autonome, une sorte d'état tampon entre nous et l'Allemagne. Il faut qu'il soit bien entendu et bien établi dès à présent que la France n'acceptera jamais la discussion d'une proposition semblable, et que nos soldats, une fois entrés en Alsace, n'en sortiront plus. Comme l'a dit notre Généralissime dans sa proclamation aux Alsaciens : « C'est pour toujours! »

Nous n'avons pas non plus à nous occuper de la singulière motion votée à un Congrès socialiste tenu récemment à Londres et demandant que le retour de l'Alsace-Lorraine à la France soit soumis à un vote de ses habitants, y compris celui des 300.000 Allemands établis depuis l'annexion. C'est bien assez que la présence inconcevable à ce Congrès d'un Ministre français ait obligé le chef du cabinet, M. Viviani, à déclarer solennellement dans la séance de la Chambre du 18 février — que cette question n'avait pas lieu d'être posée, puisque les provinces qui nous ont été arrachées par la force et malgré elles, nous seront rendues « non par l'effet d'une conquête, mais par l'effet d'une restitution ».

Pour en finir avec la question de nos provinces recouvrées, disons encore que nous ne supporterons aucune suggestion de qui que ce soit sur ce que l'on a appelé parfois, depuis le commencement de la guerre : « l'Organisation de l'Alsace future ». L'Alsace Française reprendra son organisation antérieure à 1871. Un point, c'est tout[1]!

1. Pour toutes les questions se rattachant au nouvel établissement du régime français en Alsace, voir des notes très intéressantes publiées sous le titre « France et Alsace », dans le *Correspondant* du

*
* *

Au même titre et de la même manière, sans qu'il y ait là sujet à discussion, le Schleswig-Holstein pris par la Prusse en 1866, sera rendu au Danemark, y compris Kiel, bien entendu, et son fameux canal, une des grandes pensées du règne de Guillaume II. Ce canal doit être neutralisé comme le canal de Suez, et sa police doit revenir au roi de Danemark, souverain territorial, sous le contrôle d'une Commission internationale, analogue à la Commission du Danube.

Enfin, tout en respectant les droits légitimement acquis pendant l'occupation allemande, la République Française et le Royaume de Danemark doivent demeurer seuls juges des mesures à prendre en ce qui concerne les immigrés allemands en Alsace-Lorraine et en Schleswig-Holstein et le statut personnel à leur imposer [1].

*
* *

Mais la restitution de l'Alsace-Lorraine ne peut suffire à la France. Elle doit exiger la reconstitution de l'ancienne Gaule, c'est-à-dire le rejet au delà

25 novembre 1914, par M. P.-A. Helmer, avocat à Colmar, qui connaît si bien la mentalité de sa petite patrie.

1. On ne devra pas oublier de faire disparaître les gênantes petites enclaves qui tachent la carte du Holstein. On pourrait, en échange de ces enclaves, donner un nombre équivalent de kilomètres carrés aux villes libres de Lubeck et du Hambourg, dont les territoires se trouveraient ainsi très utilement arrondis.

du Rhin de la puissance germanique. Il ne faut pas oublier, en effet, comme le dit M. Maurice Barrès (*Écho de Paris* du 10 janvier 1915), que « c'est la vingt-neuvième fois que les gens d'Outre-Rhin viennent dévaster notre pays. C'est la quatrième fois depuis un siècle. Ils reviendront chaque fois qu'ils le pourront. Il faut que nous combattions pour qu'une pareille chose devienne impossible dans notre existence et dans l'existence de nos enfants et petits-enfants. Il s'agit de chasser les Allemands, de briser leur unité et de prendre nos sûretés sur le Rhin ».

Prendre nos sûretés sur le Rhin, c'est rejeter nos éternels ennemis au delà de cette frontière naturelle de notre Gaule, en fermer solidement la porte et en garder nous-mêmes les clefs.

Cela ne veut pas dire que la France doive conserver pour elle-même toute la frontière du Rhin. Elle a le devoir, au contraire, de la partager avec son alliée la Belgique et même d'en abandonner une portion à la Hollande, bien que l'attitude de ce pays vis-à-vis de la Triple-Entente ait parfois laissé quelque peu à désirer au cours de la guerre. Cet abandon serait, d'ailleurs, soumis à des conditions que nous indiquons plus loin.

En dehors de la satisfaction donnée en ce qui concerne la Belgique à une question de justice et de moralité politique, ce partage des rives du Rhin aura deux bons résultats : d'abord de procurer à la Belgique, par cet accroissement de territoire, une force qui l'égalera aux royaumes allemands ; puis, de lui faire assumer avec nous la charge de « dégermaniser » les habitants de ces pays annexés, lesquels, bien que Gaulois ou Francs au point de vue ethnique, sont devenus historiquement et linguistiquement allemands. Leur conduite pendant l'occupation française sous le Premier Empire, leurs regrets en 1815 d'être incorporés à la Prusse, et les souvenirs qu'ils ont conservés de nos lois et de notre domination équitable prouvent, d'ailleurs, qu'ils sont susceptibles de revenir à la patrie gauloise, dont leur culture, leurs mœurs et leurs sentiments les rapprochent bien plus que des « Borusses » des rives de la Baltique [1].

Voyons maintenant quel doit être, dans ce remaniement politique de la rive gauche du Rhin, le lot de chacune des trois nations appelées à y participer.

*
* *

La part de la France doit se composer, au minimum, de la Bavière Rhénane, de la petite enclave (principauté de Birkenfeld), appartenant au Grand-Duché de Oldenbourg et de la portion du Grand-Duché de Hesse-Darmstadt située sur la rive gauche du Rhin, enfin de la Prusse Rhénane jusqu'à une ligne allant du sud-ouest au nord-est depuis la limite nord du Grand-Duché de Luxembourg jusqu'au-dessus de Coblentz.

La frontière pourrait emprunter la haute vallée de l'Our jusqu'à sa source, puis gagner la rivière Kyll,

1. Voir sur cette question des différences ethniques entre les Allemands rhénans et les Prussiens, l'article paru dans la *Revue hebdomadaire* du 26 décembre 1914, sous le titre : *L'atavisme des Prussiens*.

rejoindre le cours de l'Ahr et le descendre jusqu'à son confluent avec le Rhin. Le pays annexé équivaudrait ainsi à peu près au territoire qui a formé sous le Premier Empire les trois départements français de la Sarre, du Mont-Tonnerre et de Rhin-et-Moselle. On pourrait, après un certain temps de régime purement militaire, reprendre cette division, mais il resterait à voir, s'il n'y aurait pas avantage à ne plus placer les chefs-lieu du Mont-Tonnerre et de Rhin-et-Moselle à Mayence et à Coblentz, villes frontières, ayant, comme nous allons le dire, un rôle spécial à jouer.

Il est nécessaire, en effet, que la France, puissance militairement la plus forte de la nouvelle Union Gallo-Belge, soit chargée plus particulièrement de défendre les grandes forteresses de Mayence et de Coblentz qui barrent les principales voies d'invasion vers son territoire. Il faut que ces villes — avec leur zone militaire sur les deux rives du Rhin — au lieu de servir de têtes de pont aux invasions germaniques, deviennent les portes infranchissables de la nouvelle Europe Occidentale.

Il va sans dire que les forteresses allemandes qui peuvent exister sur la rive droite du Rhin, assez près du cours du fleuve pour y devenir éventuellement une menace, — telles Vieux-Brisach, Kehl, Rastadt, Ehrenbreitstein, etc..., — devraient être complètement démantelées avec interdiction absolue de les reconstruire.

Nous ne devons, dans l'instrument de paix, prendre aucun engagement sur le traitement à accorder aux habitants des territoires du Palatinat et de la Prusse Rhénane annexés par nous, ou par nos alliés. Il faut évidemment prévoir pour ces nouveaux pays français un régime militaire provisoire et l'état de siège. Un délai d'option très court sera donné aux habitants pour déclarer qu'ils acceptent la nationalité française, et ceux qui ne l'accepteront pas, devront être obligés de quitter le pays. Nous aurons à nous inspirer pour tout ceci de ce que l'Allemagne avait fait en Alsace-Lorraine. Elle ne pourra pas se plaindre que nous l'imitions. Dans tous les cas, les forteresses de Trèves, Kaiserlautern, Spire, Landau, Mayence, Coblentz, etc., ainsi que leurs banlieues et leur zone de défense sur les deux rives du Rhin, doivent former un commandement militaire, et celles de Mayence et de Coblentz, les plus exposées sur la frontière, ne pourront jamais être « civilisées », même alors que les provinces adjacentes auront été assimilées à la France et découpées en départements.

Le même traitement et le même régime militaire seront imposés, bien entendu, aux pays et aux forteresses incorporés à la Belgique et à la Hollande, comme nous allons maintenant le voir.

*
* *

La Belgique annexerait, au-dessus de la portion attribuée à la France, le reste de la Prusse Rhénane avec Aix-la-Chapelle, Bonn et Cologne, jusqu'à une ligne allant de Vanlo à Crefeld et Urdingen.

On lui attribuerait également le district de Maëstricht appartenant encore à la Hollande et enclavé dans le territoire belge dont il doit faire partie aussi bien au point de vue ethnique et linguistique qu'au point géographique et politique. Les raisons qui ont fait laisser Maëstricht au Royaume des Pays-Bas, lors du Traité de 1839, sont des raisons de sentiment qui doivent céder aujourd'hui à la nécessité d'assurer à chaque pays une homogénéité aussi parfaite que possible et des frontières « bien tracées ». La Hollande doit consentir ce léger sacrifice à faire à la voisine avec laquelle elle s'est loyalement réconciliée, sacrifice dont elle sera, d'ailleurs, comme on le verra tout à l'heure, amplement dédommagée.

*
* *

Il y aurait à examiner ici la question du maintien de l'indépendance du Grand-Duché du Luxembourg, ou de son annexion à la Belgique. Il est évident, en effet, que si l'indépendance de ce petit pays était supprimée, c'est à la Belgique, dont la province du Luxembourg est un démembrement du Grand-Duché (traités du 16 novembre 1831 et du 18 avril 1839), qu'il devrait être de nouveau réuni. C'est au Congrès des Puissances qu'il appartiendra de se prononcer et d'apprécier la situation politique et diplomatique du Grand-Duché du Luxembourg, ainsi que son attitude pendant la guerre.

Cette attitude a donné lieu à des appréciations quelquefois sévères. On a reproché aux Luxembourgeois d'avoir trop bien accueilli les Allemands et d'avoir accepté le paiement d'une indemnité offerte par l'Allemagne. On a critiqué certains voyages de M. Eyschen, le chef responsable du gouvernement Grand-Ducal et certaines démarches de la jeune Grande-Duchesse elle-même.

Nous pensons que cela ne suffit pas pour faire mettre en doute la loyauté et la neutralité du Luxembourg. Nous sommes d'avis que si sa jeune Souveraine a dû accepter l'argent, les décorations, les visites et même les bouquets de roses (1) que le Kaiser lui fait remettre galamment chaque fois qu'il daigne habiter sa résidence, — dont il a fait un de ses quartiers généraux préférés, — c'est à son corps défendant et pour ne pas envenimer par de mauvais procédés personnels, la situation pénible faite à son peuple. Enfin, si, comme on l'assure, les Luxembourgeois ne perdent aucune occasion de témoigner leurs sympathies à la France et à ses alliés, si nos blessés en traitement dans le Grand-Duché sont choyés avec une affectueuse sollicitude, et si comme on le prétend, l'attitude de la population est tellement hostile aux envahisseurs qu'elle exaspère les officiers allemands, nous ne croyons pas qu'on puisse faire un crime à un petit peuple sans armée et qui n'a pour garantir son indépendance vis-à-vis de l'envahisseur qu'un « chiffon de papier », d'avoir été envahi et de servir malgré lui à nos adversaires.

Ce sera, encore une fois, aux puissances à trancher la question et à fixer le sort de ce pays.

Mais la France ne doit pas oublier que le Luxembourg, bastion prussien sur notre frontière depuis 1867, a servi de premier point d'attaque contre nous en 1914. Il faut donc, dans tous les cas, que le territoire du Grand-Duché devienne sous une forme ou sous une autre, partie intégrante de la Gaule reconstituée par l'union de la France, de la Belgique et de la Hollande.

*
* *

A la charge, en effet, de consentir à la cession de Maëstricht et de son territoire, le royaume des Pays-Bas recevrait à son tour tout ce qui resterait au Nord de la Prusse Rhénane et, à partir de Wezel et y compris cette ville et son territoire militaire, toute la portion de la Westphalie limitée par la rivière de Lippe et celle de ses branches appelée Stever qui va prendre sa source près de Koesfeld; puis, la rive gauche de la rivière Vechte, de sa source nommée Ahe, naissant près de Billerberck, jusqu'au point où elle rencontre les anciennes frontières du Hanovre et de la Westphalie. Cette frontière se confondrait alors avec celle de la Hollande jusqu'à sa rencontre avec l'Ems. Enfin, ce fleuve servirait de limite entre le Hanovre et les Pays-Bas jusqu'à la ville de Meppen. A cet endroit, la frontière suivrait, à l'est, la rivière de Haas jusqu'à son entrée dans le Grand-Duché d'Oldenbourg dont les limites deviendraient celles du royaume des Pays-Bas jusqu'à la mer du Nord. La Hollande s'annexerait ainsi une bonne partie de l'ancienne Frise orientale, séparée seulement, au XIVe siècle, de la Frise centrale qui lui appartient encore. Cette restitution serait donc conforme à l'ethnographie et à la linguistique et tout à fait d'accord avec les tendances de la « Guerre des Nationalités ».

*
* *

Il est bien entendu que cette reconstitution territoriale de l'ancienne Gaule partagée entre la Belgique, la France, la Hollande et le Grand-Duché du Luxembourg, serait complétée par des dispositions militaires et économiques.

L'union douanière entre les quatre pays s'imposerait sous le contrôle d'une Commission permanente composée en nombre égal de deux ou trois membres pour chaque pays.

Quant aux forces militaires des alliés, l'idéal serait de se mettre d'accord sur la constitution d'une armée commune; mais si cet accord ne pouvait se faire, il serait au moins indispensable d'adopter un mode de recrutement à peu près semblable, de façon à ce que chacun des quatre pays puisse entretenir en temps de paix et mettre sous les armes en temps de guerre un tant pour cent uniforme de sa population. Le service militaire pourrait être allégé chez celui des alliés, la France, où la charge est aujourd'hui la plus lourde; mais il devrait nécessairement être renforcé chez les autres et notamment dans le Grand-Duché de Luxembourg où ce service n'existe pas du tout. Dans tous les cas, et quelle que soit la solution donnée aux questions de détail, l'union militaire entre les quatre pays doit être complète et il doit y avoir entre eux une alliance défensive formelle.

*
* *

Il peut se faire — cela a déjà été dit — que la

Belgique et la Hollande n'acceptent pas volontiers les accroissements de territoire que nous leur attribuons ici, et qu'elles appréhendent les charges qui peuvent en résulter pour elles. Ces charges se borneraient, en somme, à une organisation militaire plus complète que celle à laquelle elles se sont soumises jusqu'à ce jour.

Mais, en tout état de cause, et même en restant confinées dans leurs frontières actuelles, mal tracées et mal défendues, comment nos voisines du Nord éviteraient-elles l'obligation qui s'impose à elles? En quoi leur refus d'entrer comme participantes dans la nouvelle Union Gallo-belge pourrait-il diminuer les charges de leur défense? S'il est une fiction diplomatique dont la guerre actuelle a fait justice et démontré la complète inanité, c'est bien celle de la neutralité des petites nations, garantie par les grandes. Cette neutralité est désormais une chimère qui s'est évanouie devant la théorie de la force et la doctrine du « chiffon de papier ». Belgique et Hollande échappées aux appétits voraces du Teuton militariste et conquérant, doivent être convaincues maintenant qu'il leur faut être aussi fortes que possible pour se défendre elles-mêmes; qu'elles seront mieux respectées en devenant plus grandes et en se protégeant par des frontières plus solides; enfin que leur intérêt évident est d'entrer comme parties intégrantes et vivantes dans le groupement de nations pacifiques et libérales, formé sous les auspices de l'Angleterre et de la France amies.

D'ailleurs, le moment des scrupules diplomatiques et des tâtonnements politiques est désormais passé. La France n'a pas donné le plus pur de son sang et défendu son existence nationale contre un ennemi implacable, au prix des sacrifices les plus inouïs et les plus prolongés, pour conclure une paix boiteuse et mal assise. Elle entend que le Germain ne soit plus maître des portes de la Gaule; elle veut que, rejeté au delà de ses limites historiques, il laisse notre race vivre et se développer en sécurité à l'abri de sa frontière naturelle.

La reconstitution de l'ancienne Gaule, par l'agrandissement jusqu'au Rhin de la France et de la Belgique, ne peut, d'ailleurs, surprendre personne. N'est-elle pas contenue en substance dans la solennelle déclaration faite par M. Asquith au Parlement de Westminster?

« Nous déposerons l'épée seulement — a dit le Premier anglais — lorsque la Belgique aura reconquis et *au delà* ce qu'elle a sacrifié, lorsque la France sera pleinement à l'abri, *par ses frontières*, contre une nouvelle agression allemande, lorsque les droits des petites nationalités auront été garantis et lorsque le militarisme prussien sera pour jamais détruit. »

Pour que la Belgique reconquière, et *au delà*, ce qu'elle a sacrifié, il faut qu'elle devienne plus riche et *plus grande;* pour que la France soit désormais pleinement à l'abri *par ses frontières,* il faut *qu'elle possède ces frontières,* qui ne peuvent être que le cours du Rhin. Cette annexion est le seul moyen de détruire à jamais, pour l'Occident, les dangers du militarisme prussien.

En conviant ses voisines du Nord au partage des territoires à annexer pour réaliser cet idéal de commune civilisation, la France fait donc en même temps qu'un acte de justice, un geste de politique amicale. Si ces voisines refusaient ses offres et si la France était obligée de prendre pour elle-même ces territoires, qu'y gagnerait la Belgique? Qu'y gagnerait la Hollande? Qu'y gagnerait la paix du monde?

La question, ainsi posée, nous paraît résolue et aucun homme d'État digne de ce nom, ne peut refuser à son pays la gloire de s'associer à une combinaison qui, respectant la liberté et l'indépendance de chacun, assure contre l'ennemi commun l'existence de tous.

*
* *

Cette question traitée, nous en avons fini avec les modifications à apporter aux frontières occidentales de l'Allemagne.

Il faut cependant noter encore que l'Angleterre aurait à reprendre possession de Helgoland, cet îlot qu'elle eut le tort de céder à l'Allemagne par convention du 14 juin 1890 en échange du protectorat de Zanzibar.

Guillaume II en a fait un pistolet chargé contre les nations occidentales alliées. Il faut qu'il soit retiré à l'Allemagne [1].

C'est la seule annexion territoriale que l'Angleterre puisse réclamer en Europe, de la Germanie vaincue.

1. Helgoland, dont les 2.000 habitants indigènes sont d'origine frisonne et qui est, aujourd'hui encore, incorporé à la province de Schlesvig-Holstein, pourrait être aussi rendu au Danemark auquel il a appartenu jadis.

Mais elle recevra un autre dédommagement dans la cession ou la destruction des flottes ennemies — ce qui lui assurera définitivement l'empire des mers — et aussi dans l'acquisition d'une large portion des colonies allemandes qui lui sera attribuée. De plus, une grosse indemnité de guerre, la suppression — déjà accomplie — du lien théorique qui rattache encore l'Égypte à l'empire ottoman, et sa prépondérance reconnue dans le Golfe Persique et l'Arabie lui seront un dédommagement suffisant de ses sacrifices.

Nous en reparlerons plus loin, mais pour le moment, il nous faut terminer ce que nous avons à dire des remaniements à opérer sur la carte d'Europe et d'abord de ceux de ces remaniements qui affectent la distribution territoriale intérieure de l'Allemagne elle-même.

IV

LE HANOVRE ET LA WESTPHALIE

Nous avons déjà dit, en effet, que le résultat le plus indiscutable de la paix à faire était l'affaiblissement du royaume de Prusse, considéré comme l'âme du banditisme teuton. C'est la Prusse qui a fait de l'Allemagne une entreprise de conquêtes perpétuelles, de la politique allemande une industrie militariste et des Allemands une nation de proie. C'est donc la Prusse qu'il faut réduire à l'impuissance. Déjà amoindrie par les cessions de territoire dont nous avons parlé plus haut, elle doit l'être encore par la reconstitution de la Grande Pologne, comme nous le verrons tout à l'heure.

Mais ce n'est pas tout, et les alliés vainqueurs auront aussi à considérer si ces démembrements « extérieurs » sont suffisants et si on ne peut encore affaiblir le royaume des Hohenzollern par des démembrements « intérieurs » en Allemagne même.

Pour atteindre ce but, une excellente mesure à prendre serait la reconstitution du royaume de Hanovre établi au Congrès de Vienne en 1815, et volé à la maison de Brunswick en 1866. Cela ne pourrait déplaire à l'Angleterre dont la famille régnante appartient à la même souche.

On sait, en effet, que Georges-Louis, Électeur de Hanovre, monta sur le trône d'Angleterre en 1714 sous le nom de Georges Ier et que l'union personnelle entre les deux pays, sous le sceptre de ses successeurs, ne prit fin qu'à la mort de Georges IV en 1837. La loi salique existant en Hanovre, l'héritière du trône — celle qui régna en Grande-Bretagne sous le nom de Victoria — fut obligée de céder la couronne hanovrienne à son cousin Ernest-Auguste, duc de Cumberland en Angleterre. Le duc de Cumberland actuel, père du gendre du Kaiser, est le fils du dernier roi de Hanovre dépossédé, Georges V. Il est prince anglais et de plus, par son mariage avec la princesse Thyra de Danemark, il est le beau-frère de feu Édouard VII et l'oncle de Georges V d'Angleterre. Ce serait donc certainement faire une chose agréable à nos alliés que de restaurer la Maison de Hanovre, et en même temps qu'un acte de bonne politique, cette restauration serait un acte de justice.

Bien entendu, le Hanovre reconstitué comme royaume indépendant serait diminué du petit territoire annexé aux Pays-Bas, ainsi que nous l'avons dit plus haut.

Un autre pays que l'on pourrait également détacher de la Prusse pour en faire un État particulier, est la Westphalie. Le royaume de Westphalie a déjà eu une existence indépendante de 1807 à 1813. Formé de diverses petites souverainetés ayant plusieurs fois changé de maître, ce royaume fut annexé à la Prusse, au Congrès de Vienne, sans aucune raison politique ou ethnographique, mais uniquement pour donner satisfaction aux appétits voraces des vaincus d'Iéna. Il était, en effet, complètement séparé par le Hanovre et les autres pays de l'Allemagne centrale, des anciens domaines de la couronne prussienne. Si on ne veut pas faire aujourd'hui de la Westphalie un apanage distinct pour un des nombreux princes allemands en disponibilité, on pourrait le donner à la Saxe dont il fut une dépendance au moyen âge, ou beaucoup mieux encore le réunir au Grand-Duché de Hesse-Darmstadt qui en est tout à fait voisin.

Il appartiendrait, en effet, à la France, de profiter de l'occasion pour réparer les spoliations que Napoléon III a laissé commettre en 1866, en restant sourd à l'appel qui lui fut adressé alors par le Grand-Duc Louis III, son ami personnel, lequel avait pris les armes contre la Prusse. Elle devrait tenir à honneur de restituer à la Maison de Hesse la province actuelle de Hesse-Nassau, alors usurpée par le Hohenzollern. Le Grand-Duché de Hesse deviendrait ainsi limitrophe de la Westphalie.

En érigeant ces divers pays réunis en royaume, et en plaçant ce royaume sous le sceptre de Ernest-Louis, le Grand-Duc de Hesse actuel, beau-frère du tsar Nicolas II, on donnerait une satisfaction familiale à notre grand allié, tout en s'assurant peut-être la bienveillance d'un voisin, lequel est sans doute celui de nos ennemis actuels, qui a marché contre nous avec le moins d'enthousiasme.

V

MODIFICATIONS TERRITORIALES DANS L'EUROPE ORIENTALE ET MÉRIDIONALE

Passons maintenant aux frontières Sud et Est des ennemis vaincus dont nous avons à régler le sort.

Au Sud, nous sommes en présence de l'empire des Habsbourg et nous y trouvons d'abord les héroïques Serbes qui doivent prendre une large part au dépeçage de l'arlequin austro-hongrois.

Sous ce nom de Serbes, je comprends aussi bien le petit Monténégro que le royaume des Karageorgevitch. L'un et l'autre ne font qu'un. Si une fiction diplomatique et dynastique les sépare, ce n'est pas moins le même peuple, appartenant à la même race, parlant la même langue, adorant le même Dieu. Je les confonds donc sous la même rubrique et je leur attribue en bloc le même territoire. A eux de se le partager comme ils l'entendront. L'expérience a prouvé que si l'un d'eux est attaqué, tous deux se défendent. Ils n'ont qu'une âme comme ils n'ont qu'un nom. Il importe donc fort peu à l'Europe de quelle façon sera découpé le pays des Serbes et sous quelle étiquette il sera gouverné. Ce sera le pays des Serbes ; c'est là tout ce que nous avons besoin de savoir; et comme tel, il sera bien gardé.

Le lot qui revient aux Serbes dans les provinces usurpées par l'Austro-Hongrie est, d'ailleurs, hors de toute contestation, puisque ce sont les pays slaves du Sud (Yougo-Slaves) de cet empire hétérogène :

L'Herzégovine, la Bosnie, la Dalmatie, la Slavonie et la Croatie tout d'abord;

Puis une partie du Banat de Temesvar à déterminer.

Les Serbes ont à tenir compte, en effet, du voisinage de deux nations qui, bien que n'ayant pas encore pris part à la grande guerre, ont des droits ethniques ou politiques à faire valoir sur des pays que pourrait réclamer la plus Grande Serbie, mais dont l'Europe doit lui demander l'abandon dans l'intérêt de la constitution d'une « chrétienté » — comme on aurait dit au Moyen Age — complètement et définitivement pacifiée.

*
* *

Le premier pays auquel il est nécessaire de donner satisfaction et en faveur duquel les Yougo-Slaves doivent faire un sacrifice pour assurer sur des bases solides la paix européenne, c'est l'Italie.

Non pas qu'il faille laisser espérer à cette puissance qu'elle puisse obtenir, lors du prochain Congrès qui tracera la nouvelle carte d'Europe, la côte orientale de l'Adriatique tout entière et notamment la Dalmatie. Malgré la prétention émise par beaucoup de publicistes et d'hommes politiques italiens, la Dalmatie est absolument serbo-croate, géologiquement, ethnographiquement et historiquement. Elle contient seulement environ 20.000 Italiens contre 700.000 Slaves. Colonisée jadis par les Romains et ayant longtemps appartenu à Venise, on y parle, il est vrai, l'italien — concurremment avec le serbe — dans les villes de la côte ; mais allez à quelques kilomètres dans l'intérieur, le serbe est la seule langue qui soit comprise. Les femmes de la campagne voisine qui viennent apporter leurs denrées aux marchés de Metkovitch, de Macarska, de Spalato, de Sébénico, etc., ne savent pas un mot d'italien. Sortie de la « Marina », cette langue n'a plus cours.

La conclusion s'impose : La Dalmatie est purement slave et doit être la façade maritime de la nouvelle Grande Serbie, depuis la Croatie jusqu'au Monténégro. Ce n'est donc pas là que l'Europe doit demander un sacrifice aux Yougo-Slaves, mais plus haut, dans d'autres régions aussi slaves, mais dont les nécessités politiques exigent l'abandon par les Serbo-Croates. Nous allons revenir sur cette question.

Mais établissons d'abord qu'il va sans dire, que l'Italie doit recevoir le Tyrol, et non seulement le pays de Trente, mais je dis bien tout le Tyrol situé au sud de la ligne de partage des eaux des Alpes Rhétiques, du Brenner et des Alpes Noriques, en un mot, tout ce qui dépend du bassin du Pô, ainsi que la haute vallée de la Drave, affluent du Danube.

Peut-être même serait-il prudent de faire fléchir ici la règle ethnographique et linguistique devant les convenances politiques, et de permettre à l'Italie d'absorber tout le Tyrol autrichien actuel jusqu'aux frontières de la Bavière, pour ne pas laisser à l'Autriche, Inspruck avec un couloir s'étendant dangereusement, au point de vue militaire, entre l'Italie et la Bavière.

Mais dans ce cas, et si l'agrandissement de l'Italie allait jusqu'aux frontières bavaroises, il faudrait détacher, du Tyrol, le Vorarlberg (120.000 habitants), actuellement pays distinct ayant sa Diète particulière, et le réunir à la Suisse dont il fait partie géographiquement, puisqu'il est dans le bassin du Rhin. Il faudrait agir de même en ce qui concerne la petite principauté souveraine de Liechtenstein, enclavée dans le Vorarlberg, dont le prince réside à Vienne et qui est d'ailleurs autrichienne par son code, par ses douanes et même par ses postes. Il pourrait se faire néanmoins qu'on jugeât plus à propos de laisser son indépendance à cet état minuscule — lequel ne dispose d'aucune force militaire — qui, malgré son étroite dépendance de l'Autriche, a déclaré officiellement sa neutralité dans le conflit actuel et dont les 10.000 habitants, régis par une constitution libérale, n'ont aucun désir, croyons-nous, de changer de statut politique.

Déduction faite du Vorarlberg, la population italienne et « ladine » du Tyrol est un peu supérieure à celle des Allemands (environ 450.000 contre 350.000). Les difficultés que rencontrerait l'Italie dans l'assimilation de cette province ne seraient donc pas insurmontables et, confinant ainsi à la Bavière contre laquelle elle aurait une porte d'entrée au delà des Alpes, elle pourrait contribuer plus efficacement à tenir en bride l'Allemagne vaincue.

Passons maintenant à une autre partie de l' « Italia irredenta », je veux parler de Trieste.

*
* *

La population de Trieste et de son petit territoire est en grande majorité italienne : en dehors de quelques milliers d'Allemands, — fonctionnaires, employés, marins, — il y a quatre fois plus d'Italiens que de Slaves. Ces Slaves sont surtout des Slovènes, qui ne sont pas des Serbo-Croates et qui constituent un groupe différent parmi les Slaves du Sud. Ce sont également des Slovènes qui habitent le nord de l'Istrie, la Carniole et le sud de la Carinthie. Les Serbes n'ont donc pas, en réalité, de revendications indispensables à exercer sur tous ces pays.

Pour donner satisfaction à l'Italie, on pourrait par conséquent lui attribuer, outre le territoire de Trieste, toute l'Istrie et le pays de Goritz, qui sont en partie peuplés d'Italiens ; plus la portion de la Carniole, au sud des Alpes Juliennes et des montagnes du Karst, jusqu'au point où ces montagnes se trouvent perpendiculairement au-dessus des frontières de l'Istrie.

Le nord de la Carniole avec Laibach, la Carinthie tout entière et la Styrie resteraient à l'Autriche à laquelle la Croatie devrait également abandonner la partie de son territoire où se trouve le port de Fiume, lequel demeurerait le débouché de l'Autriche sur l'Adriatique. Ce serait au gouvernement de Vienne à faire le nécessaire pour relier par voie ferrée ce port de Fiume à Laibach et par là à ses lignes vers le nord de la Monarchie. En abandonnant le sud de la Syrmie à l'Autriche, la Serbo-Croatie perdrait quelques milliers de Croates qui peuplent ce pays, mais cet abandon devrait lui être imposé dans l'intérêt supérieur de la paix européenne.

*
* *

Le second pays avec lequel les Serbes auraient à compter dans le dépeçage de l'Austro-Hongrie est la Roumanie, à la condition que celle-ci se décidât enfin à se ranger aux côtés de la Triple-Entente pour prendre sa part des charges de la guerre avant d'en recevoir les bénéfices. Elle n'a pas eu à faire, comme l'Italie, le sacrifice d'une alliance qui pouvait l'entraîner du côté de nos ennemis ; elle n'a donc pas le mérite de la neutralité qu'elle a gardée jusqu'ici. En supposant qu'elle entre en campagne, il doit lui revenir sans contestation possible la Transylvanie et ses annexes, contenant ensemble environ 100.000 kilomètres carrés et près de cinq millions d'habitants, dont trois millions de pure race roumaine et le reste composé d'importants îlots germaniques et magyars introduits systématiquement par les conquérants. Une bonne partie de la Bukovine doit aussi faire retour aux Roumains qui ont là 300.000 congénères sur 900.000 habitants.

C'est en ce qui concerne le Banat de Temesvar (28.510 kilomètres carrés) qu'il y aurait un partage à faire avec la Serbie. La partie orientale de cette province, où vivent environ 700.000 Roumains, devrait leur revenir, et la partie occidentale (environ 1.000.000 d'âmes) devrait faire retour à la Serbie agrandie. Le fleuve Maros serait, en tout état de cause, l'extrême limite nord qui séparerait les Hongrois-Magyars des nouveaux territoires à attribuer aux Serbes et aux Roumains.

VI

RECONSTITUTION DES ROYAUMES DE POLOGNE ET DE BOHÊME

Le Tsar, par la belle proclamation de son Généralissime, en date du 15 août 1914, a promis solennellement aux Polonais de reconstituer le royaume de Pologne, tel qu'il existait avant 1772, en un seul corps politique sous sa souveraineté personnelle. L'idée n'est pas nouvelle, car elle fut mise en avant au Congrès de Vienne en 1815. On proposa alors de rétablir la Pologne sous le sceptre de l'Empereur de Russie, et de laisser la Prusse s'emparer, à titre de dédommagement, de la Saxe tout entière. Cette combinaison échoua par le refus de la France qui voulait avant tout respecter la légitimité et les droits des Maisons souveraines et qui ne consentit pas à sacrifier la Maison de Misnie-Wettin. Nous en avons été bien récompensés depuis !

Quoi qu'il en soit, la proclamation de l'héritier d'Alexandre Ier, véritable engagement diplomatique pris spontanément à la face du monde, a été enregistrée avec joie par toute l'Europe civilisée. Les intéressés ont accueilli ce geste de généreuse réconciliation avec une vive reconnaissance, et un

« Comité National Polonais » s'est immédiatement constitué pour aider au règlement de toutes les questions de détail que pourra soulever l'initiative de Nicolas II.

Voyons donc ce que la Pologne ressuscitée par le grand empereur slave et ses alliés doit recevoir des territoires empruntés à la Russie, ou enlevés à l'Autriche et à l'Allemagne.

La Pologne russe proprement dite contient 127.320 kilomètres et 12.467.300 habitants. C'est le morceau principal du royaume dépecé en 1772. A ce morceau, certains statisticiens ajoutent, comme domaines appartenant à la Pologne, les pays Lithuaniens et Ruthènes, plus la Courlande, comprenant ensemble 498.618 kilomètres carrés et habités par 23.794.300 âmes. Ils se basent sur des raisons historiques, ethniques et linguistiques. La langue ruthène que parlent douze millions d'hommes, disent-ils, est beaucoup plus voisine du polonais que du russe; les Ruthènes se sont unis de leur plein gré à la Pologne à la fin du XIVe siècle. Leur civilisation, comme celle des Lithuaniens, — qui sont encore 1 million et demi et qui parlent une langue non slave aussi étrangère au polonais qu'au russe, — est absolument polonaise. Ils doivent donc être tous réunis au royaume de Pologne reconstitué qui, en se grossissant de ces 24 millions de Ruthènes, de Lithuaniens et de Courlandais, deviendrait, avec ses annexes prises à l'Autriche et à l'Allemagne, une des plus grandes puissances de l'Europe.

Il est inutile de faire ressortir l'exagération de ces calculs et de ces prétentions.

Le Tsar a promis de grouper en un seul royaume

les Polonais aujourd'hui divisés en trois tronçons; il ne s'est pas engagé à satisfaire toutes leurs revendications historiques.

Les Ruthènes, ainsi que les Lithuaniens et les Courlandais, anciens sujets des Polonais, ne sont point des Polonais. Ils continueront donc à faire partie du grand empire slave au même titre et dans les mêmes conditions que les autres populations, slaves ou allogènes, qui en dépendent. Il ne faut pas que des statisticiens féroces ou des rêveurs quelque peu ridicules, interprètent la noble pensée de Nicolas II comme un acte d'abdication sur quarante millions de ses sujets actuels. Ce ne serait ni juste ni adroit, et il n'est pas permis d'abuser du geste généreux d'un souverain que les questions d'équilibre et de sécurité intérieure préoccupent avant tout et qui ne peut risquer de désorganiser son empire au profit d'une seule des races qui vivent sous son sceptre.

Les Polonais devront donc se contenter de l'incorporation à leur pays reconstitué, de la Pologne Russe proprement dite et de ses douze millions d'habitants.

*
* *

A l'Autriche-Hongrie, le nouveau royaume de Pologne doit prendre la Galicie (78.500 kilomètres et 8.025.675 habitants), plus une partie du Comitat de Szèpes (Zips), au nord de la Hongrie, avec 600 kilomètres carrés et 30.000 Polonais.

Pour des raisons politiques et ethnographiques, il faut aussi que l'Autriche perde ce qu'elle a conservé de la Silésie (605.000 habitants, dont 52 % slaves, presque tous catholiques), de même qu'on doit enlever à la Prusse non seulement la Posnanie, partie intégrante de la Pologne, mais encore la plus grande partie de cette même province de Silésie, volée par Frédéric II de Prusse à l'Autriche elle-même en 1742.

La Silésie, en effet, est un pays d'ancienne population slave et qui a fait longtemps partie de la Pologne. Au xe siècle, la rive droite de l'Oder appartenait aux Polonais, la rive gauche aux Tchèques qui la cédèrent aux Polonais en 999. Ce sont les Polonais qui implantèrent le catholicisme et fondèrent l'Évêché de Breslau en 1051. Pendant deux siècles encore, la Silésie, divisée en un assez grand nombre de petites principautés, reconnut la suzeraineté de la Pologne. Son roi Casimir le Grand la céda en 1335 au roi Jean de Bohême. Ce n'est qu'au xviie siècle que, par des usurpations et des réunions plus ou moins volontaires, les Habsbourg parvinrent à faire reconnaître leur suprématie en Silésie. Mais ils n'en jouirent pas longtemps, puisque Frédéric II envahit brusquement cette province en 1741 et se la fit céder presque tout entière par le traité de Breslau en 1742.

Quoi qu'il en soit et malgré la tyrannie assimilatrice des Prussiens, la Silésie est loin d'être germanisée. Sur ses 4 millions et demi d'habitants, elle contient encore 1.100.000 Polonais occupant les deux tiers de l'est de la province, 80.000 Tchèques sur la Zinna et près de Glatz, c'est-à-dire aux confins de la Bohême, et un îlot de 30.000 Wendes (slaves) dans la pointe qui s'étend à l'Ouest, entre le Brandebourg et la Saxe Royale. Les 3 millions de Silésiens recensés comme Germains par les Prussiens, suivant leurs procédés habituels, se composent de la noblesse qui a conservé beaucoup de ses privilèges féodaux, et d'ouvriers de mines et d'usines.

Le pays très riche en charbons et très industriel, groupe, en effet, sur de petits espaces, un grand nombre d'ouvriers immigrés. Mais il est à remarquer qu'à côté de 2 millions de protestants, il y a en Silésie 2.400.000 catholiques et il n'est pas téméraire de penser que ces catholiques représentent la population restée slave de race et qui a conservé la religion des Polonais. A ces raisons ethniques et historiques de joindre la Silésie, au moins jusqu'au 16e degré de longitude est, à la Pologne reconstituée, viennent s'ajouter des motifs politiques et militaires sur lesquels nous reviendrons tout à l'heure en parlant de la restauration du royaume de Bohême.

Pour le moment, il reste encore à voir ce que la Pologne devrait prendre à l'Allemagne, ou plutôt à la Prusse vaincue.

*
* *

Nous n'avons pas à insister sur la question de la Posnanie (ou province de Posen), pays absolument polonais, attribué à la Prusse, lors des partages du XVIIIe siècle et qui devrait faire retour purement et simplement et dans ses limites actuelles (28.992 kilomètres carrés et 2.097.831 habitants), à la Pologne restaurée.

Mais, pour que la reconstitution de la Pologne soit complète et que le nouveau royaume puisse être viable politiquement et ethniquement, il faut également lui rendre son accès à la Baltique.

Nous sommes ici en présence des deux provinces de Prusse.

S'il est bien certain que la Prusse Orientale fut le berceau de la Monarchie prussienne actuelle, il est non moins évident que sa population originaire n'est pas germanique, mais lithuanienne, et de civilisation polonaise. Quatre de ses districts composant l'Ermeland ou ancien Duché de Warmie et contenant 4.249 kilomètres carrés et 260.000 habitants, sont encore exclusivement polonais et catholiques, et forment avec les Lithuaniens, une masse d'au moins 500.000 habitants non germaniques, de l'aveu même des recensements prussiens.

Quant à la région que les Hohenzollern ont baptisée Prusse Occidentale, c'était à une époque toute récente, une partie intégrante de la Pologne. C'est seulement en 1772, lors du premier partage de cette malheureuse nation, que Frédéric II vola cette province pour joindre le Brandebourg et la Poméranie à la Prusse Orientale, et qu'il lui imposa son nouveau nom. Mais la Prusse Occidentale, avec ses 24.039 kilomètres carrés et ses 1.614.766 habitants, est encore aujourd'hui presque entièrement polonaise de race et de langue, malgré les persécutions, les évictions violentes et les mesures spoliatrices de tous genres dont les journaux nous envoyaient l'écho attristé l'année dernière encore.

Il s'agira donc pour les puissances, lors du remaniement de l'Europe qui va avoir lieu, de voir si elles veulent réparer l'acte de banditisme commis en 1772 et rendre à la Pologne reconstituée et autonome sous le sceptre du Tsar, son accès à la mer Baltique. Il est évident que dans ce cas, les deux Prusses devraient lui être réunies. La même raison pour laquelle en 1772 Frédéric II s'est fait adjuger la Prusse Occidentale afin de réunir le territoire de la vieille Prusse à sa Poméranie et à son Brandebourg, rend aujourd'hui impossible de laisser la Prusse Orientale aux Hohenzollern, si on leur prend la Prusse Occidentale. D'ailleurs, nous venons de voir que cette Prusse Orientale contenait 500.000 Polonais, Lithuaniens et autres allogènes. Il ne reste donc dans cette province, d'après les recensements prussiens eux-mêmes, — et on sait, encore une fois, avec quelle partialité ils sont établis en ce qui concerne les autres races, — que 1.400.000 Germains de race plus ou moins pure. Ici encore, nous devons faire fléchir le principe des nationalités et envisager avant tout la suppression du caporalisme prussien et la paix de l'Europe. Or, l'annexion de la Prusse Orientale, pays par excellence des hobereaux conquérants, serait un coup droit porté à l'organisation de la Bête de proie.

De plus, l'enlèvement de cette province à la monarchie prussienne aurait encore un avantage considérable. En privant les Hohenzollern de la ville historique de Koenigsberg, berceau de leur grandeur et lieu de leur sacre, cette annexion aurait certainement un effet moral énorme et rendrait évidente à tous les yeux la déchéance de la Prusse militariste.

D'autre part, les deux Prusse étant réunies à la Pologne, la forteresse de Dantzig, reliée à Thorn, à Posen et à Breslau, deviendrait le rempart du nouveau royaume et des Slaves unis contre les Germains, au lieu d'être, comme aujourd'hui, l'avant-garde du germanisme contre le slavisme et un coin enfoncé par l'ennemi vers le cœur de la Russie.

*
* *

Une des plus grandes difficultés du remaniement de la carte d'Europe est la situation à faire à la Bohême actuelle, à cette admirable race tchèque dont la résurrection dans la Monarchie des Habsbourg a été un des miracles du dernier siècle et qui mérite — par ses souffrances, par les persécutions qu'elle a endurées de la part des Autrichiens allemands et par son affection pour les puissances occidentales, vers lesquelles se tournent sans cesse ses appels — de ne pas être sacrifiée dans le règlement à intervenir.

Les Tchèques sont au moins huit millions; ils ont une noble histoire, et le royaume de Bohême s'est étendu jadis jusqu'à Breslau et jusqu'à Berlin. Aujourd'hui, ils sont surtout établis dans un grand triangle délimité par l'Erz-Gebirge au nord, qui les sépare de la Saxe et de la Silésie prussienne, par les Monts de Bohême qui les bornent à l'ouest, du côté de la Bavière, et par les Monts de Moravie qui leur servent de limite à l'est, vers la Moravie et la Basse-Autriche.

Sauf à l'est, où les Tchèques touchent à leurs frères de race, les Moraves, et au sud-est où ils bordent sur quelques deux cents kilomètres la Silésie prussienne, ils sont donc entourés de peuples de souche germanique.

Ces faits étant posés, deux solutions paraissent possibles en ce qui concerne la question des Tchèques et des Moraves :

Ou bien on peut faire de la Bohême unie à la Moravie un pays indépendant, placé sous la protection des Puissances, et en particulier de la Russie, qui par la Posnanie et la Silésie serait toujours à même d'intervenir utilement pour la défendre contre les Germains. (On voit combien serait indispensable, dans cette hypothèse, l'annexion de la Silésie à la Pologne, par laquelle les Tchèques seraient rattachés au groupement de leurs frères slaves.)

Ou bien, si l'on trouve cette solution trop radicale, ou si les Tchèques en aimaient mieux une autre, on pourrait les laisser sous le sceptre de la Maison de Habsbourg. L'Autriche deviendrait alors un empire « trialiste » ou tri-unitaire, formé des pays autrichiens de langue allemande érigés en royaume, du royaume de Hongrie et du royaume de Bohême. Cela constituerait encore une Monarchie de trente millions d'âmes. Chacun de ces pays serait autonome dans les conditions où se trouve aujourd'hui la Hongrie vis-à-vis de l'Autriche. Mais il faudrait, bien entendu, que les Tchèques et les Moraves fussent consultés à ce sujet, et cela devrait faire l'objet d'un plébiscite entouré de toutes les garanties de liberté désirables.

Le grand historien patriote tchèque Palatzky disait en 1848 : « Nous voulons conserver l'Autriche et nous conserver nous-mêmes dans l'Autriche. »

Ses compatriotes seraient-ils disposés encore à accepter cette manière de voir, après plus d'un demi-siècle d'expérience nouvelle de la tyrannie autrichienne? Ce serait à eux à le dire.

Quelle que soit d'ailleurs, la solution adoptée, il faudrait préalablement restituer au royaume de Bohême, les districts que les Prussiens, vainqueurs de l'Autriche, lui ont enlevés en 1866.

*
* *

Une précaution à prendre qui devra attirer tout particulièrement la sollicitude de nos négociateurs, ce sera d'assurer des communications faciles et sûres entre la Russie et les puissances occidentales, ses alliées.

On remarquera, en effet, que les remaniements de la carte d'Europe indiqués plus haut laissent toujours le germanisme occuper tout le centre européen, de la Baltique à l'Adriatique. Même en supprimant complètement l'accès de cette mer à l'Austro-Hongrie — ce qui nous paraît impossible — on n'aurait jamais, au sud comme au nord, qu'une voie bien détournée pour accéder au grand empire de l'est.

Au nord, il faudrait, des embouchures de l'Ems, s'embarquer pour le Sleswig-Holstein et le traverser, soit par terre, soit par le canal de Kiel, pour gagner un port de la côte baltique russe ou arriver à Pétrograd même; ou bien encore, remontant la presqu'île scandinave, il faudrait contourner le golfe de Bothnie par les chemins de fer suédois, pour rejoindre, à Tornéa, le réseau russo-finlandais. Au sud, on serait obligé de couper d'une frontière à l'autre, la Suisse et l'Italie du Nord, de passer par Agram et Belgrade pour traverser la Roumanie et arriver enfin à Odessa ou à Kiew. Tout cela est très compliqué et ne pourrait guère être utilisé que pour l'établissement d'un réseau télégraphique international et indépendant des territoires laissés aux Austro-Allemands, car on ne peut abandonner ces communications à la merci d'un coup de main teuton, en cas de difficultés politiques. Mais, en temps calme, il faut pour le trafic ordinaire des marchandises, et pour les voyageurs, emprunter la voie de l'Allemagne et de l'Austro-Hongrie. Il est donc nécessaire que le traité de paix stipule des garanties sérieuses pour que la liberté la plus complète soit laissée au passage des marchandises et des personnes.

VII

RÈGLEMENT DE LA QUESTION D'ORIENT

La folie commise par la Turquie en se faisant la vassale de l'Allemagne et en se jetant dans la mêlée pour soutenir les Austro-Germains contre la Triple-Entente et ses Alliés, va probablement amener la ruine définitive de l'Empire Ottoman. La France, qui a toujours essayé de prolonger l'agonie de ce moribond, dans le domaine duquel son influence séculaire était jusqu'à ces derniers temps encore prépondérante, ne peut que regretter l'acte de démence commis par les aventuriers saloniciens qui se sont décorés du nom de « Jeunes Turcs ». Mais il est invraisemblable que notre politique prudente et conservatrice puisse maintenir debout plus longtemps ce grand corps atteint d'une pourriture sans remède. Il nous faudra donc probablement prendre notre parti de la disparition de la Turquie européenne et du partage de ses provinces asiatiques. Voyons donc comment ce partage pourrait se faire et dans quelles conditions la fin de l'empire des Osmanlis pourra permettre de régler définitivement la question d'Orient en donnant satisfaction aux nations balkaniques, réconciliées au détriment de leur éternel ennemi.

*
* *

La Serbie, largement satisfaite à l'ouest, devra d'abord abandonner à la Bulgarie quelques parties de la Macédoine. Nous nous plaçons ici, bien entendu, dans l'hypothèse où le gouvernement de Sofia, renonçant à la fâcheuse politique de bascule qu'il paraît suivre depuis le commencement de la crise, se déciderait enfin à oublier les mécomptes que lui a valus dans la seconde guerre balkanique sa coupable ambition, et se rangerait franchement aux côtés des belligérants qui combattent aujourd'hui pour la liberté des peuples.

Dans ce cas, et en dehors des rectifications de frontières auxquelles nous venons de faire allusion, on devrait permettre aux Bulgares de prendre Andrinople et tout ce qui reste encore à la Turquie, sauf Constantinople.

Cette grande ville de Constantinople doit, en effet, constituer une possession internationale, placée sous un régime spécial et garantie par toutes les puissances prenant part au Congrès de la Paix. Les limites de sa banlieue devraient s'étendre au moins jusqu'aux fameuses lignes de Tchataldja, en Europe, et englober en Asie, Scutari et toute la rive du Bosphore. Ce dernier serait, bien entendu, internationalisé ainsi que les Dardanelles et toute la mer de Marmara; le passage en serait absolument libre à tous les navires aussi bien de guerre que de commerce, sous la réserve qu'on ne pourrait se livrer dans ses eaux à aucun acte d'hostilité et que les navires belligérants devraient être surveillés de manière à ce que deux de ces navires hostiles ne puissent jamais s'y rencontrer. C'est le régime instauré en 1888 pour le canal de Suez.

Je n'ignore pas que certains politiques russes réclament pour leur pays la possession de Constantinople et des passages dont cette ville est la clef. Le bruit court même, au moment où j'écris ces lignes, que cette prétention est la cause principale des hésitations qu'éprouve la Roumanie à marcher avec la Triple-Entente. Mais je ne puis croire que la grande Russie veuille provoquer des méfiances internationales justifiées en essayant de mettre la main sur les détroits qui doivent rester libres pour tous et sur une grande cité cosmopolite dont elle est séparée, d'ailleurs, par deux peuples — les Roumains et les Bulgares — dont elle a tant contribué à assurer la libération. Constantinople doit donc rester le bien commun de l'Europe civilisée et la mer de Marmara une voie ouverte au commerce et à l'activité de toutes les nations.

*
* *

J'arrive maintenant à ce qui devrait revenir à l'Italie, aux Turcs eux-mêmes et aux autres nations, dans le partage définitif de l'Empire Ottoman.

Outre Rhodes, dont elle conserverait la possession, l'Italie recevrait les mains libres dans l'Albanie, telle qu'elle avait été délimitée par les Puissances, moins la partie de l'Epire qui y avait été ajoutée et qui doit appartenir à la Grèce.

La Roumanie, ayant constitué tout entière son unité nationale, n'aurait plus rien à demander, à moins que, par un autre beau geste, le Tsar ne lui rendît les 600.000 Roumains de la Bessarabie qu'elle a dû céder à la Russie par le Traité de Berlin en 1878.

La Grèce conserverait ses limites continentales actuelles en Europe, en annexant seulement, comme nous venons de le dire, ce qui reste de l'Épire. Mais elle recevrait toutes les îles de la mer Egée, à l'exception de Chypre qui doit demeurer à l'Angleterre et de Rhodes dont la possession définitive serait donnée à l'Italie. La Grèce recevrait, de plus, tout le versant de l'Asie-Mineure dont les eaux sont tributaires de l'Égée, depuis les Dardanelles jusqu'à Adalia, soit le mutessarifat de Bigha et le vilayet de Smyrne. Ses possessions s'étendraient dans l'intérieur de l'Anatolie, environ jusqu'au 28° de longitude Est, englobant ainsi toutes les principales régions historiques de l'ancienne Hellade asiatique.

Au delà de cette ligne, les Turcs garderaient ce qui resterait de l'Anatolie, le véritable pays de leur race, avec toute la vallée du Sakarias, la Karamanie, le Roum, les provinces d'Adana, de Marach, d'Orfa, de Diarbekir, de Mossoul, avec la partie du Kurdistan touchant à la Perse, enfin la vallée de l'Euphrate sauf la rive gauche appartenant actuellement à la Syrie; tous ces pays représentés plus ou moins exactement par les vilayets de Koniah, d'Adana, d'Angora, de Sivas, de Castamonie, de Diarbekir (en partie) et de Mossoul.

Les Turcs conserveraient ainsi un vaste pays ayant sortie sur la mer Noire et sur la Méditerranée et qui permettrait à leur race de vivre et de prospérer, si elle n'est pas absolument incapable de s'adapter à la civilisation moderne.

Ils seraient, à l'est, les voisins de l'Empire Russe qui, comme pendant à son royaume polonais, constituerait un royaume d'Arménie, comprenant tous les pays arméniens appartenant déjà à la Russie et ceux qui forment les portions suivantes de la Turquie d'Asie, savoir : Erzeroum, avec Trébizonde et leurs vilayets, la partie nord du vilayet de Diarbekir jusqu'à la vallée du Mourad-Sou ou branche orientale de l'Euphrate, et partie des vilayets de Bitlis et de Van jusqu'au Taurus arménien.

*
* *

La France aurait pour sa part les contrées où son influence est prépondérante depuis des siècles et où elle exerce encore un protectorat tout au moins moral, c'est-à-dire la Syrie, le Liban et les Lieux Saints qu'elle organiserait comme elle l'entendrait, à la charge d'y maintenir l'ordre, d'y protéger le commerce et d'y proclamer sans aucune restriction ni réserve, une complète liberté religieuse. Cette annexion se composerait des vilayets actuels de Syrie, d'Alep et de Beyrouth, avec les mutessarifats de Jérusalem et du Liban, autrement dit et d'une manière générale, les pays s'étendant depuis la mer jusqu'à la rive gauche de l'Euphrate, y compris le désert de Syrie.

On favoriserait la création d'un empire arabe ou de plusieurs royaumes de cette race qui se partageraient, sous le protectorat de l'Angleterre, la péninsule arabique, depuis et y compris les bouches de l'Euphrate jusqu'au territoire d'Aden, la mer Rouge et l'Isthme de Suez. C'est aux Arabes qu'appartiendraient les Lieux Saints de l'Islam.

Comme conséquence de ce remaniement de l'Asie-Mineure, le fameux chemin de fer de Bagdad, une des grandes pensées du règne du Kaiser allemand, deviendrait international et serait administré par une Commission dans laquelle toutes les Puissances seraient également représentées.

VIII

COLONIES ALLEMANDES

Il nous semble impossible, dans cette étude forcément très sommaire, de considérer en détail ce que devraient devenir les Colonies allemandes dans le règlement qui suivra la guerre. Il y a là de multiples questions à envisager. L'Allemagne, même amoindrie, divisée et appauvrie, aura encore probablement un trop-plein de population à faire émigrer. Les négociateurs auront à voir si elle ne doit pas conserver quelques-unes de ses possessions africaines pouvant lui permettre cette émigration. Mais ce qui doit être placé au-dessus de toute contestation, c'est la nécessité d'écarter l'Allemagne de l'Afrique Occidentale et du Congo. Nous devons donc, non seulement reprendre la portion de notre Congo français que nos ennemis nous ont extorquée en échange de l'hypothèque morale qu'ils avaient mise insolemment sur le Maroc, mais encore partager avec l'Angleterre et la Belgique, le Cameroun, le Togo, l'Afrique Occidentale allemande, etc., etc.

IX

CONCLUSION

Que ce soit notre Mirabeau ou le hanovrien Rehberg qui ait dit : « La Prusse n'est pas un pays qui a une armée, mais une armée qui a un pays », il faut que cela se modifie pour le bien de l'Europe. Il est nécessaire que l'Allemagne prussianisée comprenne enfin qu'elle n'est pas uniquement un outil de guerre, maître d'imposer à jamais au monde le règne de la force brutale. Il faut que, foulée à son tour par les armées alliées victorieuses, elle sente qu'elle n'est pas, comme elle le chante dans son fol orgueil, « au-dessus de tout », et que le caporalisme prussien n'est pas le dernier mot de la civilisation. Il est indispensable que forcée dans ses derniers repaires, épuisée, pantelante, la Bête de proie soit réduite à crier merci et à subir la paix qui lui sera imposée par les vainqueurs.

Cette paix doit avoir pour but principal l'affaiblissement des deux empires germaniques par la perte des territoires dont ils se sont emparés au cours de plusieurs siècles de rapines.

Cinquante millions d'hommes attendent leur libération de la présente « Guerre des Nationalités ».

Tous les peuples opprimés :

Alsaciens-Lorrains, Danois, Serbo-Croates, Polonais, Tchèques, Moraves et Slovaques, Italiens, Roumains, Ruthènes et Slovènes, ceux-là par millions; Néerlandais, Wallons, Lithuaniens, Lusaciens, ceux-ci par centaines de mille; tous tendent leurs bras meurtris par le joug germanique, vers les Puissances généreuses qui ont pris en main la cause de l'humanité et de la civilisation. Ces Puissances ne peuvent, sans se déshonorer à jamais, tromper ces espérances. Leur intérêt, d'ailleurs, est ici d'accord avec leur devoir : il faut écraser la Bête pour que la Bête ne morde plus.

Toute paix prématurée et insuffisante doit être écartée. Notre devise à tous, combattants ou non combattants, doit être : *Jusqu'au bout!* Aucun compromis, aucune négociation, aucune sollicitation, aucune promesse de la Germanie vaincue ne doivent être envisagées. L'histoire nous apprend ce que vaut la bonne foi tudesque.

Avant que le chancelier du Kaiser Sanglant ait traité de « chiffons de papier » les engagements les plus solennels, le plus grand roi de la Prusse, Frédéric II, avait écrit :

« Un souverain n'est tenu à être honnête que lorsqu'il le peut sans se nuire. Dès que son intérêt l'exige, la fourberie devient son devoir. »

Et plus tard, leur autre grand homme, le créateur de l'Allemagne actuelle, Bismarck-le-Faussaire, disait encore :

« Là où la puissance de la Prusse est en jeu, je ne connais plus de loi. »

Ce qui se passe depuis sept mois prouve bien que leur mentalité n'a pas changé et que l'Allemagne d'aujourd'hui suit toujours les préceptes de Frédéric II et de Bismarck.

On ne traite pas avec ces gens-là, on les terrasse et on leur impose sa loi.

Et puisque le digne élève de ces deux maîtres, Guillaume II lui-même, a dit à son tour : « Pour moi, l'humanité finit aux Vosges », il faut reculer les Vosges assez loin — aussi bien du côté du Rhin que du côté du Danube et de la Vistule — pour que l'Europe puisse enfin vivre et travailler en paix, que chaque chose et chaque peuple y soit remis à sa place et que le cauchemar qui pèse sur elle depuis tant d'années prenne fin.

A ceux à qui est dévolue la lourde tâche de présider aux destinées des Nations de la Triple-Entente et de leurs Alliés, d'aviser, sans se laisser émouvoir par aucune considération sentimentale, par aucune idée de faux humanitarisme.

…E QUE NOUS DEVONS FAIRE

CARTE

…e l'Europe remaniée

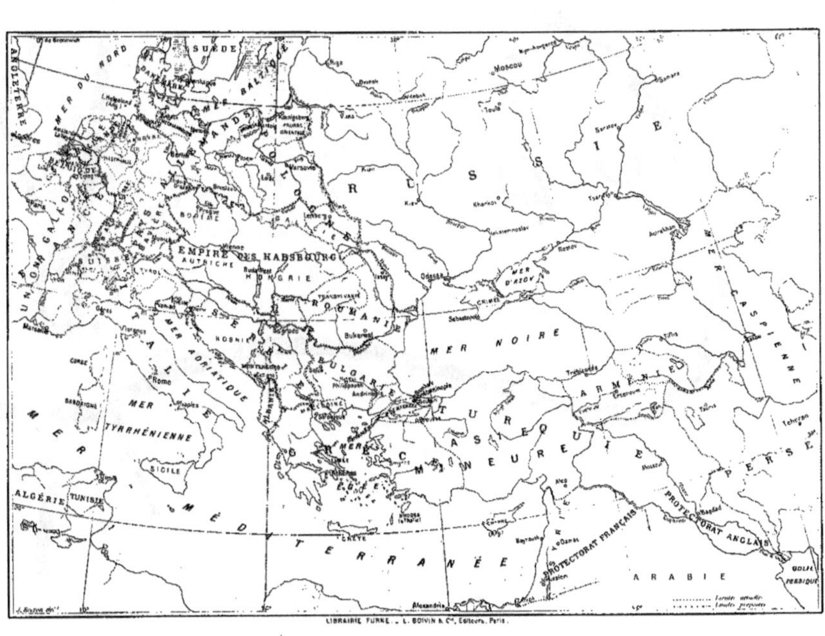

LIBRAIRIE TURKE. — L. BOIVIN & Cie, Editeurs, Paris.

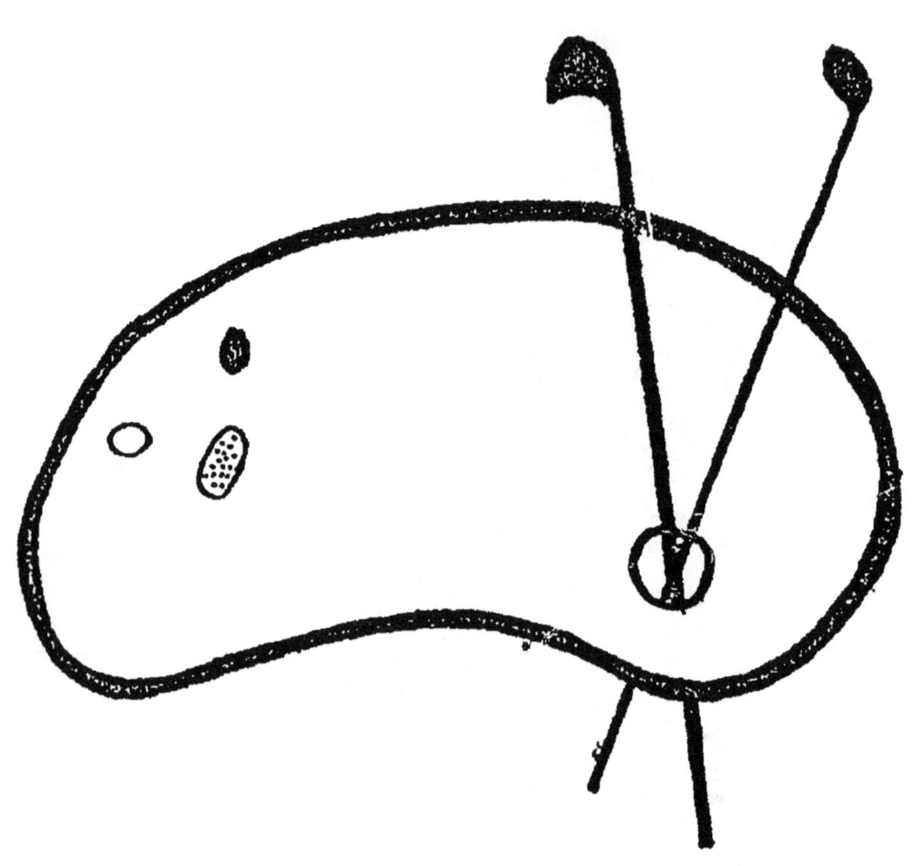

ORIGINAL EN COULEUR
NF Z 43-120-8

www.ingramcontent.com/pod-product-compliance
Lightning Source LLC
LaVergne TN
LVHW020448230826
846091LV00004B/1602

* 9 7 8 2 0 1 6 1 4 4 0 6 0 *